pour Marie-Jo Greenwood

bien cordialement

Michel

Hong Kong, le 27 novembre 1999

SUEURS DU TEMPS

Michel BUTOR

SUEURS DU TEMPS

Poèmes

Illustrations de Claude-Henri Bartoli

DOMENS

A Claude-Henri Bartoli.

Tant d'ossements abandonnés
sur les pistes de la famine
dans les larmes et la sanie
le crépitement des mitrailles
Et le sifflement des machetes
jamais nous ne serons capables
d'apaiser nos parents fantômes
dont le sang hurle sur nos pas

Les rugissements dans la nuit
les piétinements au matin
les cris des oiseaux et des singes
les traces marquées dans le sable
Les bouquets d'arbres agités
au passage des éléphants
les aigles pêcheurs tournoyant
au-dessus des lacs de barrage

Un clou qui ne chasse pas l'autre
un conglomérat d'étincelles
les rides brûlées dans les bois
les moires des yeux irisés

Un bras levé pour implorer
pour saluer et signaler
qu'on aborde au jardin des morts
où veillent les anges de brume

Clapotis sur les bords du lac
la lessive et les pagayeurs
les bébés noués dans les châles
balançant leur tête endormie
Le long des routes où l'on croise
des bus débordants de visages
leurs toits croulant sous les valises
avec fanfares de poussière

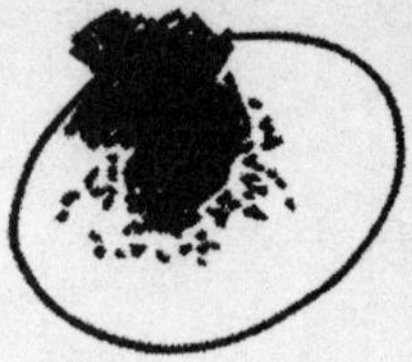

La lune monte entre les branches
et les montagnes découpées
polissant l'acier des marais
entre papyrus et roseaux
Tandis que les chevaux hennissent
avant de refermer les yeux
leur flanc rougeoyant dans l'éclat
du feu qui s'éteint peu à peu

Celui qui sait interroger
les odeurs dans le vent du soir
le désarroi des jeunes gens
les palpitations des malades
le ressassement des vieillards
le silence des disparus
les déclarations des orages
gravent des yeux dans des bâtons

Chevrons et croix cercles et lunes
poissons dans les algues et vagues
museaux rameaux souffles et flammes
lèvres murmurant des refrains

Ongles inscrivant des proverbes
ocelles écailles rayures
plumes chevelures et laines
l'univers déployant ses voiles

Sur la paroi de la caverne
les chasseurs d'autrefois défilent
ombres rouges sur le fond gris
tombées dans le piège du conte
Qui vient leur rendre l'épaisseur
quand il refait couler ses eaux
d'une génération à l'autre
dans des arc-en-ciels de senteurs

Etranger qui viens regarder
les enseignes de nos faubourgs
nous avons mis tes pantalons
et nous roulons dans tes autos
Quand tu crois en avoir fini
dans les monceaux de tes ordures
nous découvrons filons précieux
minerais de résurrection

Au long du chemin de nos vies
les stèles marquent les stupeurs
découvertes et abandons
des bruits effrayants dans le ciel
D'interminables caravanes
des gens qu'on ne comprenait pas
et qui voulaient tout transformer
sans nous demander notre avis

A chaque pas tombe un oubli
et chaque soir le sentiment
qu'on aurait dû se souvenir
vient perturber notre sommeil

Les mots de la langue d'antan
tournent dans nos vieillissements
comme des mouches insultantes
que nous ne pouvons plus saisir

O lecteur sous ce que tu lis
ce sont d'autres mots qui se glissent
c'est une autre couleur de peau
qui vient les teindre en fermentant
Et sous ces premiers souterrains
exhalant leurs bouffées de nuit
d'autres respirations persistent
attisant des forges perdues

Toutes les fleurs de ce buisson
se sont envolées en criant
tous les enfants de ce village
se sont enfuis à notre approche
Puis sont revenus souriant
quémandant nous examinant
sous l'œil inquiet de leurs parents
qui craignent notre contagion

Les zébrures qui s'entrecroisent
dans les replis sous la poitrine
avec des reflets métalliques
modelant le ventre et les jambes

Quand les bras remontent la jarre
pour la hisser sur le turban
des giclures d'eau les arrosent
d'une déclaration d'amour

Conseil des anciens assistés
par leurs parents et grands-parents
et tous les enfants oubliés
qui sont morts avant de pouvoir
Transmettre à d'autres leur haleine
une immense foule attentive
silencieuse s'exprimant
dans l'envers des conversations

Autour de toutes ces familles
la sphère des générations
cercles qui vont s'entrecroisant
incluant nos propres ancêtres
Dont nous ne savons plus les noms
ni les langues mais réclamant
par nos rêves et nos émois
la paix entre leurs descendants

L'ÉDITION ORIGINALE DE
SUEURS DU TEMPS
DE MICHEL BUTOR
A ÉTÉ TIRÉE À 550 EXEMPLAIRES :

50 EXEMPLAIRES SUR VELIN D'ARCHES
NUMÉROTÉS DE I À L,
CONTENANT SEIZE ŒUVRES ORIGINALES DE
CLAUDE-HENRI BARTOLI,

500 EXEMPLAIRES SUR BOUFFANT VELOURS
DES PAPETERIES MAUNOURY

COLLECTION « LITTÉRATURE »

- *Le Crétin de Créteil,* Paul Reynoird, nouvelles. 1992.

- *L'Epouvantail renversé,* Michel Lemaire, policier. 1993.

- *Edmond Charlot, éditeur,* Michel Puche. Préface de Jules Roy. 1995.

- *Heures,* Marie Bronsard, nouvelles. 1995.

- *Abat-jour,* Arezki Metref, poèmes. Préface de Jean Pélégri. 1995. Prix Claude Sernet 1996. Rencontres Internationales de Poèsie de Rodez.

- *Marine,* Marie Bronsard, récit. 1996.

- *In memoriam Cassiopée,* Marie Bronsard, journal. 1996.

- *Je demande à voir,* Jean Verdure, poèmes. 1997.

- *Chants de l'inaccueillie,* Tatiana Roy, poèmes. Préface de Jacques Lacarrière. 1997.

COLLECTION « MÉDITERRANÉE VIVANTE »
dirigée par Edmond Charlot

- *A propos d'Alger, de Camus et du hasard,* Jules Roy. 1982. Le Haut Quartier. (Epuisé)

- *Journal d'Alger janvier-juillet 1954,* suivi de *Les leçons d'Edgard,* Jean Senac. 1983. Le Haut Quartier. (Epuisé)

- *Souvenirs d'Oran,* André Belamich. 1995.

- *Poèmes de guerre,* Frédéric Jacques Temple. 1996.

- *Amours demeurés,* Blanche Balain, poèmes. 1996.

- *Traces écrites,* Roland Simounet. Postface de Jean de Maisonseul. 1997.

ACHEVÉ D'IMPRIMER
LE 10 NOVEMBRE 1997
À PÉZENAS
CHEZ DOMENS IMPRIMEUR-ÉDITEUR

N° ÉDITEUR 2-910457
ISBN 2-910457-33-8

DÉPÔT LÉGAL NOVEMBRE 1997